अभी रूह में कुछ जान बाकी है

विवेक सालवे

First Published in January 2023

ISBN: 978-93-5668-632-8

BLUEROSE PUBLISHERS
www.BlueRoseONE.com
info@bluerosepublishers.com
+91 8882 898 898

Cover Design:
Muskan Sachdeva

Typographic Design:
Pooja Sharma

Distributed by: BlueRose, Amazon, Flipkart

विषय सूची

आई ये सरकार

आई ये सरकार,

गई वो सरकार,

मगर कम न हुआ भ्रष्टाचार,

मिल जाए एक नौकरी सरकारी,

चढ़ाओ मिठाई, पेड़े, लड्डू, जलेबी, बर्फी,

बस मिल जाए एक नौकरी सरकारी,

जाने कब जाएगी ये बिमारी,

बोल उठे क्रांतिकारी,

दोष नहीं ये किसी का,

झांक अपने ज़मीर में,

पायेगा वो सवाल,

जो मचा देंगे तेरे दिल-दिमाग में बवाल!

हमें लगा

हमें लगा,
कोई हाथ देगा हमें,
कोई हमारे लिये रुकेगा,
कोई वक़्त देगा हमें,
पर ऐसा हो न सका,
दुनिया चलती रही,
हम रुकते रहे,
पीछे मुड़ के देखते रहे,
दोष किसे दे पता नहीं,
दुनिया नहीं रुकी,
आगे ही बढ़ती रही,
दोष उनका नहीं,
दोष हमारा है,
अपने ही हाथो को एक दूसरे से अलग रखा है!

ख़रीदने की हैसियत

किसी को ख़रीदने की हैसियत मैं क्या रखू,
बाजार में मैं भी तो खड़ा हूं,
सरे आम निलाम हो रही है इज्जत,
किसी को बेइज़्ज़त करने की हैसियत मैं क्या रखू?

सूरज तेरी गली में निकलता है,
वही सूरज मेरी गली में भी हैं,
अंधेरा तेरी गली में भी हैं,
वही अंधेरा मेरी गली में भी हैं।

दिल में अँधेरा मेरे भी हैं,
दिल में अँधेरा तेरे भी हैं,
ज़ख्मी दिल तेरा भी है,
फ़िर, हर ज़ख्म पे आंसू मेरे क्यू हैं?

जिंदगी तू क्या है

अल्फाज़ो में क्या बयां करे जिंदगी तू क्या है,
फ़लसफ़ी के फ़लसफ़े सब कोरे रह गये,
मैं मांगता रह गया,
हाथ खाली रह गये।

जिंदगी तू क्या है,
कोन समझ पाया है,
दुसरो को रास्ता दिखाते हैं,
खुद रास्ता भूल गए हैं।

रात के तारे गिनते,
एक हँसी के लिए तरसते हैं,
माफ़ करना ए ज़िंदगी,
हम तेरे एहसान भूल गए हैं।

हज़म ना हो

काम इतनी खामोशी से करो,
की किसी को खबर ना हो,
और जब खबर हो,
तो हज़म ना हो।

अपनी दीवानगी कभी बयान ना करो,
अपने पाँव के छाले कभी दिखायां ना करो,
कुछ लोगो से परहेज़ करना है तो करो,
मगर, दिल के रंज को कभी दबाया ना करो।

सहने से गम सहने की आदत लगती है,
अपने दिल को गम सहने की आदत लगाया करो,
आसमान साफ हो या ना हो,
बेवजाह मुस्कुराया करो ।

नज़र अपनी रास्ते पे गढ़ाया करो,
मंजिल तो बस एक पड़ाव हैं,
मंजिल के आगे अपनी नज़र रखा करो,
रास्ते पे अपने निशान छोड़ा करो।

जागते हुए सपना

एक रात मैं जाग रहा था,
जागते हुए सपना देख रहा था,
अचानक मैं जाग उठा,
सामने मेरे मेरा ही साया खड़ा था।

वो बोल पड़ा,
रात अंधेरी हैं,
घटा काली है,
हमारा बिछड़ना जरूरी है।

मैने उसे अलविदा किया,
उसे जाते हुए देखा,
रात सच में काली थी,
लेकिन उस रात में मैंने किसी को आते हुए देखा।

वो मेरी ही रूह थी,
जो सामने खड़ी थी,
हंस के देख रही थी,
रात में भी मुस्कुरा रही थी।

मैं साथ हूं तेरे,

वो बोल पड़ी,

उठो लक्ष्य पे निशाना साधो,

अभि इसि घडी।

मन के उजाले से इस अँधेरे को भगाओ,

रोशनी करो,

जगमगा उठो,

भितर के अंधियारे को हराओ।

ज़मीन भी तुम्हारी,

आसमान भी तुम्हारा,

बस चमक उठो,

सारा जहां हैं तुम्हारा।

हालात का मारा

खुदगर्ज नहीं मैं,
हालात का मारा हूं,
नज़र मेरी तुम पर हैं,
तुम्हारे जेब पर नहीं,
थोड़ी मदद चाहता हूं,
कोई एहसान नहीं,
हालात मेरे भी बदलेंगे,
लेकिन आज फटे हाल हूं,
नज़र मेरी तुम पर हैं,
तुम्हारे जेब पर नहीं,
तुमसे थोड़ी सी उम्मीद चाहिए,
रुपयों की झंकार नहीं,
ये भी नहीं दे सकते तुम,
आगे बढ़ कर हाथ भी थाम नहीं सकते तुम,
दिल टूटा है मेरा,
उम्मीद टूटी हैं,
पर अभी भी जिंदा हूं,
मरा नहीं हूं मैं,
मैं फिर वापस आउंगा,
हंसते हुए चेहरे के साथ,
नयी उम्मीद के साथ।

कदम

पीछे छोड के गुज़रे हुए वक्त को आगे चले हम,
जिंदगी तेरे साथ कदम से कदम मिला के चले हम।

नज़र अब हमारी आने वाले कल पर हैं,
मगर कदम अपने आज में गढ़े हैं।

हम तो आज हैं,
भविष्य तो कोई और हैं।

बीते हुए वक्त को सलाम हैं,
लेकिन आज से एक सवाल है?

आज, भविष्य के लिए क्या किया तूने,
अपने मन के मैल को क्या साफ किया तूने?

एक बार अपना मन टटोल के देखो,
भविष्य को क्या दे रहे हो ये तो देखो?

आज देख अपने चारो और,
दिलदार मिलेंगे हर और!

बादल गरज रहे

बादल गरज रहे थे,
बारिश हो रही थी,
सहमे हम थे,
सहमे वो थे।

बादल शांत हो गए,
बारिश रुक गयी,
हम अपने घर गए,
वो अपने घर गए।

सूरज अपनी ढलान पे था,
हवा शांत थी,
तूफान इधर भी था,
तूफान उधर भी था।

दोनो की नज़रे मिली,
दिल तो धड़क ही रहा था,
लगा की कलियां खिली,
मगर, पता नहीं क्यू वो हमें ना मिली?

बरसो बाद जब देखा उसे,
दोनो ने कदम बढ़ाये,
आखो में आंसू थे,
बादल भी तैयार खड़े थे।

घनो ने भी अपने कदम बढ़ाये,
पर न कह पाए,
जो कहना था हमें,
जो कहना था उन्हें।

रात लंबी हैं

बोलने से ज़्यादा सुना करो,
चलने से ज़्यादा रुका करो,
रात लंबी हैं,
थोड़ा इंतजार किया करो।

अभी तो हम जिंदा हैं,
तुम्हे कैसे पता हम हार गए,
तुम कुछ भी बोल गए,
हम तो सारे गम झेल गए।

सारे रास्ते तुम बोलते रहे,
हम चुप रहे,
बोलके तुम सोते रहे,
चुप रहके हम जागते रहे।

क्या जानू

मैं क्या जानू खुदा कहा है,
ढूंढा लेकिन कभी मिला नहीं,
ईश्वर को ढूंढा,
लेकिन मिला नहीं,
गॉड को कहा ढूंढू,
ये भी पता नहीं,
क्या ये सब अलग-अलग हैं,
मुझे ये भी पता नहीं,
प्यासे को पानी पिला दिया,
उसको क्या मिला मुझे पता नहीं,
मुझे सुकून मिला ये उसे पता नहीं।

मुशायरा

ये मेरी रूह का ही कमाल है की आप को खींच लायी है,
वरना आप तो जा रहे थे मयखाने में,
आपको मुशायरे में खींच लायी है।

यह जमावड़ा है हम कवियों का,
हँसते हुए आंसुओ का,
गुनगुनाते हुए शोरगुल का।

यहाँ मिलेंगी आपको खनखनाती हुई तन्हाई,
जगमगाती हुई जुदाई,
नहीं मिलेगी तो बस लडाई।

ये तो बस हमारा काम है,
हाथ में जाम नहीं कलम हैं,
हमारी ये लिखाई आप चाहने वालों के नाम हैं।

वो नाराज़ हैं

लगता है वो नाराज़ हैं,
बात क्या है जरा बताइये जनाब,
नज़र तो मिलाइये जनाब,
क्यू नाराज़ हो ये तो बताइये जनाब।

हमने वादा खिलाफी की,
काट दो गर्दन हमारी,
मिलने का था आज वादा,
इसलिए रूठी हैं तस्वीर तुम्हारी।

काम बड़ा था आज,
अफसर ने छोड़ा ही नहीं,
ऑफिस का सारा बोझ मुझ पर हैं,
खाना भी नहीं खाया आज।

बड़ी भूल हुई मुझसे,
जो रूठी तुमसे,
जो हमेशा तोड़े वादा,
वादा निभाने की उम्मीद कर बैठी उससे।

जाने मैं क्या कहूँ तुम्हें,
वक्त और तुम्हारा कोई मेल नहीं,
प्यार चाहिए तुम्हें,
मगर उसकी कोई कदर नहीं।

बुरे हालात

हालात बुरे हैं मेरे, ख़यालात नहीं,
नज़र कमज़ोर है मेरी, नज़रियाँ नहीं।

बादल गरजते हैं, आस्मा में,
मैं रुक जाता हूं, ज़मी पे।

बिजली कड़कती है, आस्मा में,
मैं सहम जाता हूं, ज़मी पे।

रास्ते ढूंढ़ने की कोशिश करता हूं,
समंदर आड़े आ जाता हैं।

हार मानने लगता हूं,
दिल आड़े आ जाता है।

फ़ितरत

अजीब फ़ितरत है इंसानों की,
मुर्दा जिंदा होने की आस लगाये बैठा है।
कातिल को छोड दिया है,
मजबूर को फांसी पे चढ़ाएं बैठा हैं।
नज़र आस्मा पे हैं,
ज़मी को ज़हन से निकाले बैठा है।
ख्वाहिशों से भरी है जिंदगी,
इनके बोझ तले हँसी दबाये बैठा है।

हाँ

दीवानों का हाल ना पूछो,

ना बात करते बनती है,

ना दूर रहा जाता है,

बस खयालो में वो हैं,

चांद में भी वही नजर आता हैं,

नज़रे मिली तो दिल धड़कता हैं,

बात करने से घबराता हैं,

उसकी एक झलक के लिए वक्त थम सा जाता हैं,

तूफ़ान हैं ये इश्क,

उसकी एक हाँ के लिए दिल धड़कना बंद हो जाता हैं।

अतीत

अतीत को मारो गोली,

वर्त्तमान से भरो अपनी झोली,

गुज़रे वक्त को कौन पकड़ पाया हैं,

माज़ी को कौन छू पाया हैं,

ये तो एक छलावा हैं,

वक्त के पूलिया के नीचे से बह चूका एक दरिया हैं,

इसमे डूब के कौन ऊंचा जा पाया हैं,

अतीत के अंधियारे बादलो को दूर करना हैं,

अपने आज के सूरज को चमकाना हैं।

गले लगा लो

आज गले लगा लो,
कल की कोई खबर नहीं,
चांद तो होगा आस्मा में,
जिस्म में रूह नहीं,
ये तन्हाई का आलम,
फिर मिले ना मिले,
धड़कती हुई दिल की धड़कने,
फिर मिले ना मिले,
जिंदगी इस मोड पे ले आयी है,
साँसे कम और याद ज्यादा आती हैं,
उजाला भी अँधेरा सा लगता है,
दिल उदास सा रहता है,
क्या जुदाई ने तोड़ डाला हमें,
आसमा भी वीराना सा लगता है।

अपनी ही पहचान नई

जाने कहां ले जाएगी ये जिंदगी,
पता नहीं मिलेगा आस्मा या ज़मी,
अपने ही तूफ़ानो को समेटे,
ढूंढ रहा हूं अपनी ही पहचान नई,
समंदर की लहरें बड़ी है,
छोटी नाव के लिए कहीं जगह ही नहीं,
डूब जाए तो किसिका सहारा नहीं,
ढूंढ रहा हूं अपनी ही पहचान नई,
दुनिया का मेला बड़ा है,
हर शख्स तैयार खड़ा है,
सितारो की कोई कमी नहीं,
ढूंढ रहा हूं अपनी ही पहचान नई,
वादे, वफ़ा, उल्फ़त को छोड़ो,
मंजिल की तलाश में हूं,
धरती पर खड़े आसमा के साथ,
ढूंढ रहा हूं अपनी ही पहचान नई।

खामोशी

खामोशी भी बड़ी अजीब होती है,
ना बोले भी कुछ बोल जाती हैं,
हाल पूछो ना पुछो,
हाल बता जाती है,
होंठ सिले हुए होते है,
पल्के झुकी हुई होती है,
दिल की धड़कनो को साफ सुनती है,
एक दिल को दुसरे दिल से जोड़ जाती है,
रास्ते भले ही अलग हो,
दोनो भले ही अजनबी हो,
दोनो को पास लाती है,
एक दिल को दुसरे दिल से जोड़ जाती है।

खो गए वो दिन

कहा खो गए वो दिन,
तुम्हें देखते ही चेहरे खिल जाते थे,
आज नज़र आये हो,
याद आये हैं वो दिन,
आज धुंधला है आकाश,
ज़मी वीरान हैं,
काला धुआँ आकाश में,
ज़मीन पर काला इंसान है,
एक को उजाले से नफ़रत हैं,
दुसरे को अंधियारे से प्यार,
वक्त के साथ चलता ये इंसान हैं,
आकाश में फैलाता काला धुवा ये इंसान हैं,
दिन भर भागता है,
रातो को जागता है,
गाव वीरान और शहर सुनसान हैं,
शहर से दूर आया तो,
आज देखा तुम्हे,
फिर याद आ गए वो दिन,
तुम्हे देख के इंद्रधनुष,
याद आए बचपन के वो दिन।

ख़्वाब है उनका

सुना है वो आज कल चांद पर ज्यादा और धरती पे कम रहते हैं,
यहाँ के भूखे नंगो को छोड वो चांद बसाने की बात करते हैं,
सितारों तक पहुंचने का ख़्वाब है उनका,
समंदर से नमक हटाने की बात करते हैं,
चांद पे कोई भूखा नंगा नहीं होगा इसकी क्या गारंटी है,
आसमा कभी लाल नहीं होगा इसकी क्या गारंटी है,
पेट तो वहां भी होगा,
भूख तो वहां भी होगी,
अपनी जरूरतो से ज्यादा इंसान ख्वाहिश नहीं करेगा इसकी क्या गारंटी है ?

इक लम्हा

इक लम्हा बारिश हुई थी,

इक लम्हा जीने की ख्वाहिश हुई थी,

अंधेरी रात को चिरती हुई कभी रोशनी आयी थी,

इक लम्हा जीने की ख्वाहिश हुई थी,

आँखों में सपने बसे थे,

उमंगे बसी थी,

ये जिंदगी तेरे नाम कर दी थी,

इक लम्हा जीने की ख्वाहिश हुई थी।

मंज़िल की तलाश में

दूर के सितारे को निहारतेनिहारते-,
अपने पास पड़ी ओस की बूंद को ना भूल जाना,
दूर के मंज़िल की तलाश में,
अपने पास के फूल को ना भूल जाना,
राहें तो बहुत हैं,
अपने पैरों तले की ज़मी को ना भूल जाना,
अंजानी निगाहों की भिड़ में,
जानी पहचानी निगाहो को ना भूल जाना,
झुलसती गरमी में,
बारिश की चंद फुहारो को ना भूल जाना,
कल हम हो या ना हो,
हमारे साथ बिताये
उन पलो को ना भूल जाना।

वो अपनी जगह सही थे

वो अपनी जगह सही थे,
हम अपनी जगह सही थे,
मगर वक्त बदल गया,
इसमे हम ही क्यों गलत थे ?

रास्ते का पता न हमें था,
ना उन्हे था,
बंजर जमीन पर फूल नहीं उगते,
इसमे हमारा क्या क़सूर था ?

थोड़ी दूर तक चलना उन्हे था,
थोड़ी दूर तक चलना हमें था,
मगर रोशनी में उन्हे दिखाई देता नहीं,
इसमे किस्मत का क्या क़सूर था ?

माना की साथ चले वो,
पर हम भी दूर कहा थे,
पूरी तरह सही नहीं वो,
तो हम भी पूरे गलत कहा थे ?

एक रात काफी होती है,
दूरियां बढ़ाने के वास्ते,
एक तूफान काफ़ी होता है,
एक टीला बनाने के वास्ते।

दूरियां बढ़ गई हैं कोई बात नहीं,
खामोशी सन्नाटे में बदल गई हैं कोई बात नहीं,
मगर दिल को धड़कते रखना,
दिल में हम रहे ना रहे कोई बात नहीं।

सरहदों ने रोक रखा है

सरहदों ने रोक रखा है,
वरना लकीरे हमे क्या रोकेंगी,
फूल तो एक ही जगह पे होता हैं,
उसकी महक को ये दीवारे क्या रोकेंगी।

आईने में कभी तुम देख लेना,
आईने में कभी हम देख लेंगे,
तुम हमें ढूंढ लेना,
हम तुम्हे ढूंढ लेंगे।

सच तो यही है,
तुम ही दूर चले गए,
हम आज भी वही हैं,
बस आप ही नदारत हो गए।

खिची हुई रेखाओं को छोड़ो,
कभी अपनी गलियों में झाक के तो देखो,
दुनिया की नज़रो को छोडो,
कभी अपनी फटी कमीज़ पे गौर फर्मा के तो देखो।

तुम्हें तुम्हारा घर मुबारक,
तुम्हें चांद पे मोती दिलाने वाले दोस्त मुबारक,
ज़मीं ही नहीं आस्मा भी तुम्हें मुबारक,
मगर, सुकु के चार पल हमें मुबारक।

वक्त तो काफी गुज़र चुका है,
चांद नजाने हम पे क्यों हंस रहा है,
उसे क्या पता,
हमारे दिलों में क्या चल रहा है।

आगे तुम्हारे कदम चल पड़े हैं,
आगे हमारे कदम चल पड़े हैं,
तुम अपने पैरों पर खड़े हो,
हम अपने पैरों पर चल पड़े हैं।

दूसरों के खूब गले मिलो,
हमसे गले ना मिलो,
आकाश के गले मिलने से पहले,
अपने साये के गले ज़रूर मिलो।

ऊंची उड़ान तुम्हारी भी हो,
ऊंची उड़ान हमारी भी हो,
ऐसा भी दिन आये,
चाँद के भी आगे हमारी जयजयकार हो।

मुबारक हो

मुबारक हो,
आज फिर हमने किसी के सपनों को निंद में ही घोंट दिया,
सुबह होने से पहले ही लंबी नींद में सुला दिया,
मुबारक हो,
रुकी हुई दुनिया को फिर से हिला दिया,
तोफ के गोलो ने कई बचपन को जला दिया,
मुबारक हो,
रास्ते को धूल बना दिया,
ज़मी को आसमा से मिला दिया,
मुबारक हो,
किसी बचपने ने किसी बुढापे ने किस का कत्ल कर दिया ?
जो आज हमने उसे सज़ा-ए-मौत सुना दिया,
मुबारक हो,
मिट्टी को उसके बाशिन्दो से जुदा कर दिया,
आज फिर हमने किसी के सपनों को निंद में ही घोंट दिया,
मुबारक हो।

मुझे समझना चाहता है

आसमा वाला भी देख के हँसता होगा,
दो सौ छह हड्डी वाला मुझे समझना चाहता है,
खुद की ज़मी को नाप नहीं सकता,
और, आसमा को मापना चाहता है।

सबके बदन में लाल रंग है,
ये कोई इत्तेफाक नहीं,
ये नहीं समझता है,
और, मुझे समझना चाहता है।

चांद को रोटी कहता है,
दिन रात भागता रहता है,
और फिर भी भूखा रहता है,
और, मुझे समझना चाहता है।

गुज़रा हुआ कल नहीं आता है,
और, आने वाला तो हवा है,
दोनो के बीच में लटका है,
ये भविष्य की सोच वाला मुझे समझना चाहता है।

ये चावल खाता है या खाता है गेहु,
लेकर मुह में काली सोच का दाना,
कहे गैरो को मेरे घर ना आना,
और, ये काली सोच वाला मुझे समझना चाहता है।

इन्हे सूरज दीया,
चांद दीया,
रात दी,
और, ये अंधेरी सोच वाला मुझे समझना चाहता है।

उजाला दीया,
धूप दी,
छाव दी,
और, ये उजाले की खोज वाला मुझे समझना चाहता है।

जीने का हौसला मकसद दिया,
चांद तारो को चीर सके ऐसा दिमाग दिया,
और, इन्होने एटम बम का इजाद कर दिया,
और, ये बुद्धिमान पशु मुझे समझना चाहता है।

नाराज़गी भी इतनी क्या

नाराज़गी भी इतनी क्या,
की हर वक्त हमारे ही ख़यालातो में डूबे रहते हो।

हमसे इतने खफा क्यू,
की हमे समझ कर कांच फोड देते हो।

एक बार सामने आ के तो देखो,
आज भी तुम हमारी साँसे रोक देते हो।

ज़िद थी रास्ते अलग बना ले,
आज उन्हीं रास्तो पे चल देते हो।

दुनिया चांद से आगे निकल गई,
और तुम वही अटके बैठे हो।

किससे सिखी थी मुहब्बत,
जो अपने आप में सैलाब दबाये बैठे हो।

इतना पुकारा तुम्हे,
मगर तुम सुनि को अनसुनी कराये बैठे हो।

उजाले हमने भी बहोत देखे,
मगर तुम उजाले में अंधेरा कराये बैठे हो।

आशिक का दर्द

चांद हमसे ज़्यादा दूर नहीं,
जितना की वो है,
सितारे हमसे ज़्यादा दूर नहीं,
जितना की वो है।

आशिक का दर्द ये हैं,
ना हम चांद तोड़ पाए हैं,
ना हम सितारे तोड़ पाए हैं,
ना हम उसे दिल का हाल बता पाए हैं।

निगाहो का खेल कब तक चलाए,
जज़्बातो को दिल में कब तक गलाए,
अपने अरमानों को कब तक छुपाए,
और, कितना हम अपने ही आप को तड़पाए।

तुम्हारे इन्कार का डर हैं,
हम से दूर जाने का डर है,
एक तरफ तुम्हें पाने की तमन्ना है,
तो, दूसरी और तुम्हें खोने का डर है।

चांद में इतनी शीतलता नहीं,
जितनी तुम्हारी निगाहो में हैं,
पेड़ों में भी उतनी छाँव नहीं,
जितनी तुम्हारी ज़ुल्फ़ों में हैं।

हवा में सिर्फ तुम्हारा नाम हैं,
अपने आप से भी ज़्यादा तुम्हारी फ़िक्र हैं,
निगाहो में सिर्फ तुम्हारा चेहरा हैं,
दीवानों की तरह तुम्ही से उल्फत हैं।

कौन कहता है

कौन कहता है की देश में गरीबी हैं,
ये तो बस एक विचार है,
निकाल दो तो बस खुशहाली हैं।

आज भी लोग झुलसते हैं,
बादल देखे तो हँसते हैं,
बारिश की चंद बून्दो के लिए वो आज भी तरसते हैं।

किसान आज भी बैल जोतता है,
धीरे धीरे अपनी जिंदगी का संघर्ष आगे बढ़ाता है,
थका हारा किसान आज भी पेड़ की थंडी छाव तले अपनी थकान दूर करता है।

कौन कहता है की जिंदगी हसीन नहीं है,
जीने के लिए बस चार निवाले ही तो चाहिए हैं,
आसमा से हमें थोड़े ही चांद सितारे तोड़ लाने है।

हमें तुमसे मुहब्बत

हमें तुमसे मुहब्बत ना होती तो क्या होता?
हमारा ये दिल तुम्हारा न होता।

दूर से ही सही पर तुमसे मुहब्बत ना की होती तो क्या होता?
आशिक ज़िंदा होके भी ज़िंदा ना होता।

अगर हम तुम्हें जाने ना देते तो क्या होता?
आईना भी हमसे आज काँप रहा होता।

नाम अगर हम लेते इस महफिल में तुम्हारा तो क्या होता?
बुझे दियो का कोई सहारा न होता।

किसी से अगर किनारा पूछा होता तो क्या होता?
हम कहीं और किनारा कहीं और होता।

काश हमारा एक ही रास्ता होता तो क्या होता?
बारिश की बुंदे और एक ही छाता होता।

सितारो को ज़रूर निहारो

दूर के सितारो को ज़रूर निहारो,
पर अपने पास पड़ी ओस की बूंद को ना भूल जाना।

दूर के मंजिल की तलाश ज़रूर करो,
लेकिन अपने पास के मोड को ना भूल जाना।

राहें तो बहुत सी हैं,
अपने पैरों तले की ज़मी को न भूल जाना।

जाने अनजाने रास्तो में,
अपनी गलियों को ना भूल जाना।

अंजानी निगाहों की भिड़ में,
उन जानी पहचानी निगाहो को ना भूल जाना।

कल हम हो या ना हो,
हमारे साथ बिताये उन पलों को न भूल जाना।

ज़िद्दी हौसले

ज़िद्दी हौसलों की जिद्दी उड़ाने हैं,
तुम्हें भी बता देंगे हम ए आसमा,
आए हम एक नीले जहां से हैं।

हम पहाड़ो का सिना चिरते हैं,
क्या बताये क्या है हमारी तमन्ना,
आगोश में तो सारा जहां करने आए हैं।

हम आसमा तक जा पहुंचे हैं,
रोशनी के सात रंग देखे हैं हमने,
धरती से सितारों की दूरी नाप आए हैं।

रात और दिन का फरक जानते हैं,
पानी पे भी चलते हम,
रातों के अंधियारे को दूर कर आए हैं।

विज्ञान का ये चमत्कार है,
ये हैं वैज्ञानिकों की जयजयकार,
हम धरती पर विज्ञान का युग ले आए हैं।

मंज़िले तो एक छलावा हैं

ख्वाबो में कुछ कदम चला हूं आज,
हार कर फिर एक नये सफर पर चल पड़ा हूं आज।

मंज़िल कहा है किसने है जाना,
बस रास्ते के कंकर पत्थर को सलाम करते है जाना।

आज जीने से ज़्यादा मौत है सस्ती,
हम भी देखेंगे एक बार मिटा कर अपनी हस्ती।

अँधेरा ही सही दिल में,
लेकिन आज भी तारे हैं गगन में।

जुगनू ही सही हम,
दूर के सितारों से तो भले हम।

रास्ते ही सच्चे हैं,
मंज़िले तो बस एक छलावा हैं।

मंज़िलो से आगे जाना है,
खेल नहीं जिंदगी एक सफर है।

सफर का मज़ा लेना है,
हारी हुई बाज़ी को जीतना है।

समझौता करना

समझौता करना अच्छी बात है,
बिना छाते के भीगना अच्छी बात है,
किसी और को खाता देख ललचाना अच्छी बात है,
कार के बजाये टू-व्हीलर चलाना अच्छी बात है,
अपने ख़्वाबों को दबाना अच्छी बात है,
आसमान में उड़ते हवाई जहाज़ को देख रुक जाना अच्छी बात है,
ठंडी हवा के एक झोके के साथ दुनिया घूम आना अच्छी बात है,
एक रुपये के लिए झंझट करना अच्छी बात है,
अपनी आमदनी में खुश रहना अच्छी बात है,
कड़कती धूप में गरम पानी पीना अच्छी बात है,
अचार संग रोटी खाना अच्छी बात है,
अपनी फटी कमीज़ को छिपाना अच्छी बात है,
दिल ही दिल में मायूस होना अच्छी बात है,
अपनी तनहाई का आलम किसी से न बतियाना अच्छी बात है,
आंख न नम होने देना कभी,
आंख न चुराने देना कभी,
सूरज आये ना आये,
मोमबत्ती से काम चलाना अच्छी बात है।

जज़्बात भी नज़रंदाज़ है

ताश के पत्तो की तरह रेत का महल ढय गया,
एक आंधी में किसी का जहां जल गया।

मुंद के पलको को कोई बैठा था चाव में,
एक बिजली गिरी और मंज़र बदल गया राख में।

खूबसूरत हैं ये समा लेकिन रात का क्या ठिकाना,
उल्फत कब आंख चुरा ले दिन का क्या ठिकाना।

दीवानो का तो ये हाल है काँटे भी दगाबाज़ हैं,
ख़्वाहिशो की बात तो छोडो यहाँ जज़्बात भी नज़रअंदाज़ है।

हंसी छिपा के बैठा था कोई,
रोती आँख लिए रुख़सत हुआ कोई।

कोई जी के भी नाखुश रहा,
कोई मर के भी खुश रहा।

किसी के पास कुछ नहीं था,
किसी के रास्ते में कोई कांटा नहीं था।

आसमा भी रो रहा था,
कोई हार कर भी हंस रहा था।

किसी के जज़्बात भी नज़रअंदाज़ है,
किसी के लिए दिन भी रात हैं।

अंधियारो को बेवजाह अहमियत है,
उजाले बेवजह ही नज़रअंदाज़ है।

आंखों में जो नूर

आपकी आंखों में जो नूर हैं,
यही तो असली कोहिनूर हैं।

बाकी सब छोडो,
दिल से दिल जोड़ो।

सफर हो तुम्हारा,
रास्ता हो हमारा।

आपकी मुस्कान एक हसीन शाम हैं,
दिन की थकान भुला दे ये एक हसीन जाम हैं।

केशो को यूही लहराते रखना,
ये तो हैं एक खूबसूरत सा झरना।

श्रृंगार से तुम्हें कहा शोभा हैं,
तुम्हारे नयनजल ही तो खरा सोना हैं।

बस ये लम्हा ठहर जाए अभी,
लम्हे से चूरा लेंगे तुम्हे हम अभी।

हमने किसी नेता को

हमने किसी नेता को नेता कह दिया,
वो जाने क्यों नाराज़ हो गए ?

उनकी सफेद कमीज़ को क्या छू दिया,
वो जाने क्यों हमसे खफ़ा हो गए ?

पाँच साल का उनका रिपोर्ट कार्ड सामने रख दिया,
वो जाने क्यों आंख बबुला हो गए ?

पुराना मकान और नई हवेली का फोटो दिखा दिया,
वो जाने क्यों कुपित हो गए ?

अखबारों में उनका नाम उछाला गया वो उन्हे दिखा दिया,
वो जाने क्यों क्रोधित हो गए ?

संसद में सोती हुई उनकी तस्वीर दीखा दिया,
वो जाने क्यों गायब ही हो गए ?

वक्त का दस्तूर

वक्त का यही दस्तूर है,
कल सोना था,
आज मिट्टी है।

किस्मत का क्या भरोसा है,
आज इसके साथ,
कल उसके साथ है।

जिंदगी नेक नहीं है,
आज इसपे रूठी,
कल उसपे रूठी हैं।

आशिको के दिल भी अजीब हैं,
आज ये हसीन,
कल वो हसीन हैं।

दुनिया एक ख़ूबसूरत झमेला है,
आज आओ,
कल चले जाना है।

एक पूल उड़ गया

आज किसका मुंह देखा लिया,
फिर एक पूल उड़ गया।

हवा इतनी ज़ोर के आई,
की पूल को साथ उड़ा ले गई।

किसका ये काम है,
मंत्रीजी की नींद ये हवा उड़ा ले गई।

ये दोष नहीं किसिका,
शायद इंजीनियरिंग की पढाई फेल हो गई।

कहीं कोई मिली भगत तो नहीं,
दाल संग काली मिर्च हो गई।

घबरा गए संतरी और मंत्री,
याद सबको शिक्षक की छड़ी हो गई।

इतनी भी क्या जल्दी थी,
टेंडर बांटने में कहा गलती हो गई।

टेबल के नीचे से किसने क्या खिसकाया,
जाने किसकी जेब ढीली और किसकी टाइट हो गई।

कौनसी चीज कम थी,
जो हवा सीमेंट सरिये से भारी हो गई।

रूह में कुछ जान

अभी रूह में कुछ जान बाकी है,
शाम हुई है अभी तो रात बाकी है।

रुकना मना है कुछ काम बाकी है,
जाना नहीं है तुम्हें बहुत बात बाकी है।

अभी सांसों में कुछ अरमान बाकी है,
रुकना ही होगा तुम्हे गहरी मुलाक़ात बाकी है।

दिल में ख्वाहिशो का आसमान बाकी है,
अभी तो हमारे अरमानों की हयात बाकी है।

शाखो पे पत्तो का ईमान बाकी है,
पेड तो जल चुका है सिफ़ात बाकी है।

बहुत चल चुके हैं फरमान बाकी हैं,
साँसे जवाब दे चूकी हैं वफात बाकी हैं।

जिस्म थक चूका है पलान बाकी है,
जिंदगी खत्म हो गई हैं ज़कात बाकी है।

किस्से जल चुके हैं उड़ान बाकी हैं,
अभी भी रूह में शायद यमकात बाकी है।

हम खड़े दोजख़ या रुमान बाकी हैं,
उसके हिसाब में अभी शायद तहकीकात बाकी है।

जहां मेरा मकान है

जहां आज मेरा मकान है,
कभी वहा गणिकालय या मैखाना था,
आज ये किसी को मालुम नहीं है,
नदी या समुंदर था,
इससे किसको सरोकार नहीं है,
उजड़ा किसिका जहां था,
किसीकी आंख नम नहीं है,
किसिका हँसता घरोंदा था,
किसी को कोई इल्म नहीं है,
कभी भीगा किसीका आशियाना था,
मेरी तो आज ईंटे पक्की है,
किसी का लूटा गुलिस्तां था,
मेरा तो बाग हरा भरा है,
मिट्टी का रंग आज भी लाल है,
कल भी लाल था,
आज भी यहाँ एक आशियाना है,
कल भी यहाँ कोई आशियाना था।

इतना प्यार

जाने इतना हम एक दुसरे से प्यार क्यों करते हैं,
बार बार क्यों गले मिलते हैं,
चैन ना आता हमें,
क्यों खुद के साथ दुसरे के भी चिथड़े उड़ाते हैं।

क्यों करते हैं इतना प्यार,
इस्तमाल होता बारुद बार बार,
ज़मीन तो बेज़ुबान हैं,
जिस्म होते छलनी तार तार।

एक दुसरे के बगैर हम रह नहीं सकते,
खामोशी बरदाश्त कर नहीं सकते,
उजाले से हमें नफ़रत हैं,
खुला आसमान हम देख नहीं सकते।

इंसान की इंसानियत है ये,
इंसान से दूर बारुद के पास है ये,
गैरो को तो छोडो,
खुद से भी दूर है ये।

कभी इसके लिए लड़ते हैं,
तो कभी उसके लिए हैं,
जब तलवार चलती,
कटते बूढ़े और बच्चे भी हैं।

अपनी ही धुन में मस्त हैं ये,
रोंदता ज़मीन और आसमान हैं ये,
कौन समझाए इसे,
सदियों से चला आ रहा घमासान हैं ये।

आज भी उलझने हैं,
समंदर से भी गहरी हैं,
नहीं कोई छोर इसका,
क्या गोला बारूद ही है सहारा इसका?

सपनों की दुनिया

किसी दिन हम भी जी लेंगे,
आज तो सुकून से हमें मरने दो।

आसमा ने जिसे छोड़ दिया है,
उस बूँद को ज़मी से तो मिलने दो।

खुला पड़ा है जिस्म जो,
आज उसे कफ़न तो नसीब होने दो।

खुली हवा में सांस लेंगे कभी,
आज तो घुटन से आज़ाद होने दो।

दिल आज़ाद होगा कभी,
आज तो जज़्बातों को आज़ाद होने दो।

आंखे तो सब कुछ देखती हैं,
थोड़ा रूह को कभी महसूस होने दो।

आईने का भी सच देख लेंगे हम कभी,
आज तो हमारा सच हमें बताने दो।

ताउम्र रेगिस्तान में चले हैं हम,
आज तो ठंडी छाव तले सपनों की दुनिया में हमें खोने दो।

मुट्ठी में करना होगा

रास्ते आसान नहीं होंगे,
मंज़िले आसान नहीं होंगी,
खुद पर हौसला रखो,
खुदा पर भरोसा,
मुश्किलों के कांटे चुन कर,
ख्वाहिशो का ताना बाना बुन कर,
भूलभुलैया में सही रास्ता चुनना होगा,
मन का दीप जला कर,
उजाले को मुट्ठी में करना होगा।

महंगाई

बाजार गए सौ रूपया लेके,
घर आये मुट्ठी भर अनाज लेके,
क्या है ये महंगाई,
गयी हमारा एसी कूलर साथ लेके।

पंखे के नीचे सोते हैं,
गरम हवा में नरम सपने देखते हैं,
पसीना तो आता है रात भर,
पसीने की नदी को पोंछ कर आँख मूंद लेते हैं।

कोरोना लाया ये महंगाई हैं,
या महंगाई लायी ये कोरोना हैं,
क्या है ये बिमारी,
हमें तो बड़ी पुरानी यारी लगती हैं।

पेट्रोल एक सौ पार,
गैस एक हज़ार पार,
गाड़ी चले या घर,
दोनो ही हैं बजट के पार।

खाना है महंगा,

दवा दारु है महंगा,

क्या पिये हम,

खुली हवा में सांस लेना भी हुआ महंगा।

पसीने तो सबके छुटे हैं,

जूते तो सबके घीसे हैं,

कोई बिना हवा के मरे,

कोई हवा भर के कमाए हैं।

खुद को है आज़माना

गधे के साथ हम चले,
दुनिया हंसती हैं।

गधे के पीठ पर बैठे,
दुनिया ताना मारती हैं।

गधे को अपने काँधे पर ले,
दुनिया पागल कहती है।

मुश्किल बड़ी,
रास्ते छोटे लगते हैं।

हम जिये या मारे,
दुनिया अपना मुँह कभी बंद नहीं रखती हैं।

प्यास हमारी,
गला क्यू उनका दुखता है?

नींद हमारी,
सपने क्यूं उनके टूटते हैं?

बरसात का मैं आनंद लू,
छाता क्यों उनका गीला होता है?

आसमान पे मैं चढना चाहु,
पैर क्यों उनके दुखते हैं?

रेगिस्तान भी मुझे पहचाने,
चेहरा क्यों उनका लाल होता है?

दस्तूर यही पुराना,
कुछ तो कहेगा ज़माना है।

ज़माने को छोड़ना,
खुद को आज़माना है।

बंक

बंक करके फिजिक्स की क्लास,
लड़का पढ़ रहा था बायोलॉजी,
उसी की क्लासमेट थी उसकी टीचर,
और, पेड़ पौधे उनके संगी साथी।

अचानक आये वहा खाकी वाले,
लड़की लगी मुँह छुपाने,
लड़के ने भी मुँह छिपाया,
और, जेब से हरि पत्ती को खिसकाया।

साहेब मंद मंद मुस्काये,
देख फोटो बापू का थोड़ा हिचकिचाये,
नज़र चारो तरफ घुमाये,
और, फिर गुस्साये।

ये कौनसी पढाई है,
जो होती स्कूल कॉलेज के बाहर है,
ना स्टूडेंट ना टीचर,
बस दो चीटर है।

कोरोना पर्व

मार्च का महीना था,
सुहाना मौसम था,
होली जा चुकी थी,
कोरोना पर्व का आगमन हुआ था।

लॉकडाउन तो जैसे दिवाली थी,
धूप में भी हरियाली थी,
लोग दिन में सोते,
राते तो न्यूज वाली थी।

कुछ दिन तो अच्छे गये,
शामे चांद की रोशनी में गये,
आईना बतायें हमे,
आपके केश तो हद से ज्यादा बढ़ गये।

चारो और घुमे हम,
पेट्रोल को भी जलाये हम,
लिए कैंची और कंघी,
खुद ही के केश खुद कांटे हम।

चारो और खामोशी थी,
रास्ते में जान नहीं थी,
कोरोना भी था हैरान,
कुछ आवारा के दिल में कोई दहशत नहीं थी।

चारो और धूम मची थी,
बच्चों की स्कूल बंद थी,
हवा भी खामोश थी,
पर नेताओ की रैलीयां क्यों चालू थी?

बंद ताले

किसके दिल में बंद ताले नहीं हैं,
बस हर ताले की चाबी नहीं हैं।

जहां में किसके पास गम नहीं हैं,
बस हर गम की शरबत दवा नहीं है।

कौन कहता है की रास्ते मिलते नहीं हैं,
बस हर रास्ते का सफर सरीखा नहीं है।

कौन कहता है बादलो के पार कोई रहता नहीं है,
बस बादलो को चिरके हर कोई जाता नहीं है।

कौन कहता है की झोली भरी नहीं है,
बस हर कोई ठीक से झांकता नहीं है।

पवन

पवन तू आया कहा से हैं?
और, जा कहा रहा है?
जल्दी क्या है तुझे?
तेरा घर किस दिशा में है?

थोड़ा रुका वो,
थोड़ा सोचा वो,
एक गहरी सांस भर कर,
जवाब दिया वो।

ना ही मेरा कोई घर है,
ना ही मेरा कोई बसेरा है,
मैं तो घूमक्कड़ हूं,
सारा जहां मेरा आशियाना है।

रहु ना मैं,
तो क्या है ये जहान,
झूमु ना मैं,
तो क्या है ये आसमान।

मैं बादलों में भी हूं,
मैं समंदर में भी हूं,
पेड़ मेरे संग नाचते हैं,
मैं भू पे भी हूं।

सारा जहां देखता हूं,
ऊंची इमारतों से भीडता हूं,
मन ही मन हंसी आती है,
रास्ता बदल के आगे बढ़ता हूं।

आज तुम मिल गए,
सुकु के दो पल मिल गए,
इंसान ने कैद किया है खुदको,
किसी इंसान संग बाते किये ज़माने गुज़र गए।

मुझे है जल्दी जाना,
एक नन्ही जान को है सहलाना,
इंतजार कर रही है वो,
लिए अपने दिल में खुशी का तराना।

कुर्सी

मैं एक साधारण सी कुर्सी हूं,
मुझ में कुछ खास नहीं,
पर नज़र मुझ से हटती ही नहीं।

जाने क्या खास हैं,
लोग ललचाते हैं,
बैठने की उम्मीद रखते हैं।

मैंने लोगो को काला बनते देखा है,
सपनों में खोते देखा है,
बैठे बैठे उड़ते देखा है।

अच्छे लोग देखे हैं,
बुरे लोग देखे हैं,
कुर्सी के लिए होते तमाशे देखे हैं।

कुर्सी गोल गोल घुमती हैं,
इंसान क्यों चक्कर काटते हैं,
क्यू इतना तरस्ते हैं?

रंग किसिका नहीं बदलता है,
कैलेंडर में तो बस तारिख बदलती हैं,
पता नहीं इंसान की सिरत कैसे बदलती है?

जो नहीं बैठा वो बैठना चाहता है,
जो बैठा वो उठना नहीं चाहता है,
जो नहीं करना वो करना चाहता है।

जाने कितने आए,
जाने कितने गए,
वो ताउम्र नहीं बैठे पाए।

मैं तो बस एक सपना हूं,
सब को याद रहा हूं,
पर किसके साथ रहा हूं।

मैं एक मृगतृष्णा हूं,
जीतना तुम्हारे पास हूं,
उतना ही तुमसे दूर हूं।

रुकता नहीं कुछ भी हैं

रुकता नहीं कुछ भी हैं,
नदियाँ बहती हैं,
सितारे आसमा में दौड़ते हैं,
वक्त कभी रुकता नहीं हैं,
रूह भी शरिर छोड़ देती हैं,
एक नया सफर तय करती हैं,
हर दिन कैलेंडर भी बदलता हैं,
फिर हम क्यों रुकते हैं?
कल के लिए आज क्यों खोते हैं?
बेवजाह क्यों रोते हैं?
अपने आप को क्यों खोते हैं?
किसको हमारी परवाह हैं,
क्यू हम दुसरो की सुनते हैं?
क्यू खुदसे ही दूर रहते हैं?
आँखों को खुला रखना हैं,
अपना रास्ता खुद चुनना हैं,
आसान या मुश्किल पता नहीं,
बस चलना हैं,
बस चलना हैं।

कवि की अन्य किताबें

RESCUING THE KING

https://www.amazon.in/dp/B08PPXZJGN/

I LOVE HIM https://www.amazon.in/dp/B0859GQ6KJ/

https://twitter.com/viveksalve125

https://www.instagram.com/viveksalve117/

www.ingramcontent.com/pod-product-compliance
Lightning Source LLC
LaVergne TN
LVHW020034160726
843469LV00044B/1770

* 9 7 8 9 3 5 6 6 8 6 3 2 8 *